U0010156

練習問自己

關 於 我 ，Me & Myself

送給渴望瞭解自己的你，專屬你的互動禮物書

HAZE 著 ／ 王品涵 譯

擺脫別人的標籤與定義，只有我能定義我自己

諮商心理師 **周慕姿**

在我們的人生中，有多少機會，能夠好好地與自己相處，和自己對話？

你覺得，你夠瞭解自己嗎？

很多時候，我們忙碌應付著世界的張牙舞爪。一波波的訊息，一波波別人告訴我們的「你是怎樣的人」「你該怎麼做」；我們忙著被別人短暫的瞭解，被別人定義，然後，我們接收，以為那就是自己。

有的時候，我們覺得疲倦，尤其是當別人理解的「我」與我所理解的不相同時，我們大聲疾呼，想要努力解釋，想要被理解更多……卻徒勞無功。

那時，我們的心裡，可能會出現這樣的聲音：「我好想要一個真正瞭解我的人。」

然後，我們會期待，可能期待我們的家人、或是伴侶，能夠成為這樣的人。但很多時候，我們會失望；於是，覺得這個世界不可期待，覺得沒有真正看重、理解我、甚至愛我的人。

但為什麼，我們找不到真正瞭解我們的人呢？難道說，是我們身邊重要的人，都不願意花時間瞭解我們嗎？

或許更深的原因，並非因為對我們重要的人，不願意理解我們；而是因為連我們都不夠瞭解自己，也沒有機會花時間瞭解自己。

你，覺得你瞭解自己嗎？

《練習問自己：關於我，Me&myself》是一本「關於自己」探索指引工具書，從「瞭解自己真正的模樣」「找出自己的魅力」「微小的事情也算成就」，或是幫助瞭解自己容易焦慮的狀況，找到「舒緩緊張的方法」。當可以做到瞭解自己、看見自己的優勢，進而肯定自己，也讓自己可以應付容易緊張、焦慮的情況時，對自己的信心也慢慢增加，也更能檢視與他人的關係。

如果我們的人生掌控權在別人手上；自己想做什麼事情，其實都是為了迎合別人、或是別人決定的，我們的自信也會在這樣的互動中消磨殆盡。所以，為了幫助我們檢視與他人關係對我們生活造成的影響，書中接下來幫助我們思考「討好別人的自己」與「當自己人生的主人」的重要題目。唯有找回自己人生的主控權，我們才有能力做到「變得幸福」「找到並達成自己的目標」，且認真規劃、實行「我所描繪的人生」。

這本僅有十章的書，篇幅不多，卻是本方向清楚、適合「與自己對話」的實用工具書。如果你想要更瞭解自己，卻又不知道如何著手，好好地回答《練習問自己：關於我，Me&myself》中的問題，或許，你會更瞭解自己真正的模樣。

那麼，你就有機會擺脫別人的標籤與定義。

記得：唯有你自己，才能定義自己。

任何面向的「我」都值得被接納與理解

臨床心理師、臨床心理學博士 何雪綾

這是一本給自己的自我介紹書。

不同於其他常見的心理自助書籍，這本書採用極少的文字、提供有限的訊息，試圖騰出大量空間讓讀者能夠參與這本書的創作，進而創造出自己獨一無二的自我介紹書。書的開頭首先提醒讀者創作參與的守則—對自己坦白。這除了要我們試著擱置過去對自己各種不夠完美的擔憂，更提醒我們該練習去信任身處的環境。只是在本書中，這個練習的環境，就是我們自己。

《練習問自己：關於我，Me&myself》在書中進行好幾個層次的練習。首先，我們練習透過仔細地回答關於自己的各種問題來完整認識自己。

平常向別人介紹自己時，我們總習慣篩選特定的面向示人；透過逐一回答這本書的問題來介紹自己，能讓我們跨出那個慣常的篩選範圍，看到自己過去或許疏忽、或許逃避的部分。而自信的建立，往往不只在於肯定自己的好，更在於接納自己的不好，找到自己真實的位子，心裡的篤定便油然而生。**建立自信的過程，最基礎的步驟便是透過覺察，充分而完整地接納自己。**

接納與理解自己，是這本書帶領我們進行的第二重練習。

「自問自答」的設計使讀者能體驗不同的**角色觀點**。回答問題時，我們是生活於日常世界的自己；向自己提問並且等待、聆聽答案時，則

是從他人的角度觀看著的自己。扮演後面這個角色，最重要的心態是「接納」。「接納」是心理治療歷程中關係建立的核心，透過治療師承認個案的經驗感受皆有其來由，個案能在治療關係中感受到被接受與包容，進而學會能放下評價、理解自己，改變的契機可由此產生。因此在這本書中，我們需要提醒那個提問的自己，去承諾開放一個空間讓各種各樣的「我」展現出來、承認各種「我」以及「我的行為」都有其來由；儘管在價值選擇上我們不盡然希望自己如此表現，但在觀看自己的這個當下，我們相信任何面向的「我」都值得被接納與理解。

最後一重練習，是對自己產生好奇心。
這本書鼓勵讀者完成之後，亦可反覆閱讀。因為這樣自問自答的過程裡，經驗是不斷流動累積的。在心理治療中，每當個案多接納與理解自己一點，便有機會對自己的狀態形成新的觀點，從而發現過去難以發現的改變機會。完成自己的自我介紹書以後，再試著重複以第三者的眼光回頭看看自己與自己的互動，**看看自己在過程中的坦誠與勇敢，也看看自己對自己的接納與理解，**會讓我們更意識到自己在單一觀點之下可能受到的侷限，從而對於自己的各種可能產生更多期待。

最後，投入這個創作的過程之前，我們也需要有心理準備：探索自己、照顧自己，甚至改變自己，都是耗費心力的。有時我們可能感覺許多問題自己想都沒想過，或者一時之間無法體會這一問一答的效果，也可能遇到問題越想越多到一發不可收拾的情況，這些都可能使我們感覺挫折與不確定，這也是為何作者在開頭便提醒讀者「沒壓力、輕鬆地閱讀本書」。**自我理解與自我照顧的旅程不是一場競爭，也沒有絕對的終點，每往前一步都是累積。**我們都該好好提醒自己、給自己一點鼓舞，然後勇敢邁開步伐。

練習自我提問，成為更完整的人

財團法人「張老師」台北分事務所總幹事、社會工作師　**涂喜敏**

　　這是本透過書寫及自我對話中，企圖透過自我提問及回答，釐清「自己眼中的自己」「別人眼中的自己」「你希望的自己與真正的自己」，以增進個體自我察覺、自我揭露。

　　在心理或輔導工作上運用各類原理及活動，協助個體統整自己內在與外在的樣貌。當個體對於自我的察覺越佳，越有助於形成良好自我概念，也有助於個人適應及人際適應。

　　對於正值自我概念混淆的青少年，或是生命遇到瓶頸的個人，學習自我提問是一種「自助」能力提升，透過生命課題的提問察覺自己發展的特性，讓個體成為統整而有智慧的人。

看完這本書除了覺得有些問題很私密之外，也有些問題很難回答，尤其越到後面的章節，越需要思考一段時間來回答題目，也許是我自己的人生不夠長或是經驗不夠多，才會導致有些問題想好久。

我覺得這本書很適合推薦給沒自信，迷失自我的讀者，裡頭的問題很詳細地讓自己瞭解自己，是從來都沒想過會有那樣的自己，這本書會讓人找到自己。

在回答第一個問題時，我感到蠻慚愧的，你現在的夢想？和十年前的夢想？在成天忙碌奔波的日子當中，我都忘記問自己，我現在做的是我想做的嗎？久而久之就這樣忘記十年前的夢想是什麼？所以我們要隨時檢視自己的目標，還有做得快不快樂，這很重要！

大學生 佳純

每個人都希望擁有一個快樂且幸福的人生，其中最關鍵的因素為何？就是「對自我的認識」，也是生命旅途中永遠的課題！

書中循序漸進的章節設計，引導讀者進入屬於自己內心的王國，短短幾行字的提問，也許同樣是你心底對自己最深的疑問。

這本書帶領你思考並記錄下最真實的自己，看見內在最根本的熱情與渴望。

　　給自己一個敞開並誠實面對自己的機會，瞭解自己在生命中的軟弱與期待，進而找尋出最美好的自己！

大學生　蕙岑

　　這本書不同於一般的閱讀書籍，而是一本由淺入深，帶領我們與自己對話的互動書，從拋開任何頭銜、他人評價的自我介紹開始做起，找到自己的優點及成就感，然後再向下挖掘內心深處的恐懼、焦慮，最後找到不被負面情緒控制，做自己主人，真正瞭解自己的方法！

　　讓我打從內心震撼的是，書中有道題目問：「你最愛的人是誰？」我細細寫下心中的答案，沒想到接下來它問：「如果答案不是自己，為什麼呢？」我當下起了雞皮疙瘩，像是被閃電打到一樣：「對啊，為什麼我最愛的不是自己？」

　　而作者也建議，先從有感覺的題目開始寫，多久寫一次，寫的順序，都由自己決定。所以書寫過程非常輕鬆自然，慢慢的，我開始學會問自己問題，讓瞭解自己變成一種習慣，這種感覺竟比想像中踏實。我真的很慶幸在茫茫書海中，遇見了這本書！

上班族　小琪

練 習 問 自 己

關於我，Me & Myself

Haze 著　王品涵 譯

這本書屬於

我是誰？

照 片 貼 黏 處

從現在開始，
誠實地與自己對話

這並不是一本單純閱讀的書，
而是一本需要閱讀，思考，記錄，
重新再閱讀的書。
書裡裝載著許多根本的問題，
藉以瞭解真正的自己究竟是誰。

1 親手寫下一份關於自己的報告

大部分的人都不知道,為什麼自己不瞭解自己會是個問題。

即便是想要找尋「真正的自己」的人,也不知道該從何處開始下手。其實,只要坦誠地、敞開心扉地回答書裡的問題,便能更仔細地瞭解自己一些。我的優點、可能性、喜歡的東西……,甚至於缺點。

2 沒壓力、輕鬆地閱讀這本書

有時間的時候,花個十五到二十分鐘翻閱此書,可以每天都看,也可以一個星期看一次,偶爾當然可以一口氣把它看完。

請不要將此視為任何壓力,如此一來,才更能感受到閱讀這本書的樂趣。

❸ 先從「刺中心坎」的問題開始著手

沒有必要從頭開始閱讀或使用。可以試著從映入眼簾的問題開始思考起，那個問題或許正是自己還沒解決的問題。

有些問題或許沒辦法立刻回答出來，請不要著急，而是把這個問題放在心裡，總有一天，答案會自己出現。還有，重新閱讀自己曾經寫過的答案時，說不定也會出現其他的想法喔！此時，也請將新的答案記錄下來。

❹ 讓瞭解自己變成一種習慣

空閒的時候、心煩的時候、坐地鐵的時候、坐飛機的時候、躺在草地上的時候、等朋友的時候、電視裡沒有好看節目的時候、睡覺之前、早晨從床上爬起來之前、書放在桌上而腦子出現想法的時候……

請將這本書隨時擺在身邊，讓它滲透自己的生活；漸漸地，便能發現一個不時都在為人生重要問題作答的自己。

5 找到更好的自己

越是經常利用這本書做紀錄，越能加速我們填滿自己的人生。
清楚知道自己是誰、內心真正的需求是什麼；什麼樣的慾望是
自己真正想要的，什麼樣的事情是適合自己的。最終，便能找
到屬於自己的那條路。

讓人變得幸福的力量，不在遠方，

而是在自己的內心深處。

接受自己原本的模樣，並對此深信不疑；

醒悟自己人生當中最重要的人，

不是別人，正是自己；

拒絕別人替自己決定好的人生，

找到屬於自己的人生；

這些，就是幸福！

這本書，就是一本專屬於自己的書。
悠閒地，然後幸福地享受它吧！

對自己坦白

過去那段時間，寫下只為了給別人看的自我介紹裡的我！
真的是「我」嗎？
不再為了讓別人覺得光鮮亮麗，
試著寫下一份為了讓自己更瞭解自己的自我介紹。

※ 內容請刪去學歷、成績、財產、家世、職稱。

誠實地寫出「自己」，
一點都不容易吧？
現在，請回答下列的問題。

※ 希望不要出現想騙自己的念頭。

全部寫完需要花上多少時間？

填滿了多少行？

是用真心誠意寫下來的嗎？

別人讀到這篇文章的時候，能夠藉此瞭解我嗎？

全部寫完也填不滿兩頁嗎？

花費過多的時間了嗎？

會不會連自己讀起來都覺得好像沒什麼誠意呢？

看來，或許是自己太不瞭解自己了。

「我是誰？」

有辦法自信滿滿地回答這個問題嗎？

不然的話，是否連自己不瞭解自己為什麼會是個問題都不知道呢？

是否認為這是內心自在的人才會有的天馬行空的問題呢？

然而，如果連自己都不關心自己的話，

是不可能找到那一條讓自己變幸福的道路，

因為自己根本沒有醒悟到對自己真正重要的是什麼。

暫時放下紛亂雜多的問題，翻閱一下這本書，

開始踏出第一步，和內心的自我對話吧！

CONTENTS

01

REAL ME

我真正的模樣是什麼？

想像這是一場聯誼，
是不是很好奇這個全新而深具魅力的人呢？
為了瞭解這個人，勢必得拋出各式各樣的問題吧？

好，這一場聯誼的對象，正是我自己。
藉由這本書，試著去回答看看所有未曾問過自己的問題。
唯有讓自己瞭解自己，才能知道對自己最重要的東西是什麼。

我必須誠實作答，
究竟，真正的我是誰？

童年的夢想？

青少年時期的夢想？

大學時期的夢想？

現在的夢想？

現在我所做的事情？

十年後，我想做的事情？

覺得太遲了，而想拋棄的事情？

我的優點？

在我的優點之中，
朋友們最喜歡自己哪種樣子呢？

究竟那種樣子，
是不是我最大的優點呢？

我的缺點？

身邊是否有和我
擁有同樣缺點的朋友呢？

看著那個人的缺點時，
有沒有試著回頭看看自己呢？

為了改正自己的缺點，
有沒有做過哪些努力呢？
↳ 如果沒有什麼成效的話，原因又是什麼呢？

我的人生導師？

為什麼是他／她呢？
從什麼時候開始的？

想要變得像自己人生的導師，可以做哪些努力？

我現在的模樣，
和人生導師有多麼接近？

我可以成為任何人的人生導師，
那麼，我有哪些層面值得別人尊敬呢？

是否相信有超自然存在？

現在信仰的宗教？

為什麼會信仰這個宗教呢？

有一個外星人為了調查人類的生態而來到了地球，
如果讓這個外星人觀察我的話，
他會認為我和其他人類之間
有什麼差異呢？

自己女性化的一面？

自己男性化的一面？

現在我最愛的人？

如果答案不是「自己」的話，
原因是什麼？

不重要的事：
別人是怎麼看我的？

重要的事：
我是怎麼看自己的？

ATTRACTION

找出我的魅力？

※

我們是不是總習慣探究自己的缺點，勝過尋找自己的優點呢？
我們是不是總是習慣壓迫自己、嚇唬自己，
勝過稱讚自己、勉勵自己，每每踐踏自己的自尊心呢？

讓這些舉動，到此為止吧！
我可是一個富含魅力與滿是優點的人呢！
不是要自認為完美無缺，
而是我應該要理解自己是個多麼有魅力的人。

徹底瞭解自己的魅力後，
便能愛上自己原本的模樣。

滿意自己外貌的哪些部分？

最有自信的部分？

別人説很漂亮的部分？

不滿意的部分？

要靠化妝或衣服遮掩
才能安心的部分？

聽見別人稱讚自己漂亮的時候，
會有什麼反應？

☐ 心情好

☐ 認為只是客套話

☐ 認為是在開玩笑

☐ 其他

為什麼會有這樣的反應呢？

有沒有減肥的經驗？

目標體重？

減肥方法？

不再減肥的理由又是什麼呢？

有沒有整型的經驗？

動過哪些部位呢？

滿意手術的結果嗎？

不再整型的理由又是什麼呢？

認為自己個性的哪個部分
很帥氣呢？

左邊和右邊，我比較靠近哪一邊呢？試著填填看！

謹慎 □□□□□□□□□□□ 瀟灑

溫柔 □□□□□□□□□□□ 粗魯

粗心 □□□□□□□□□□□ 細心

挑剔 □□□□□□□□□□□ 寬厚

提到我的個性，別人會説……

自己喜歡的話　　　　自己無法認同的話

做得特別好的事情？

當中最喜歡的是？

一心想要做得好，
卻意外做得不好的事情？

為了把這些事情做得好，
是否付出過哪些努力呢？

別人讚嘆過自己哪些層面？

試著寫下最常聽到的三個稱讚。

1.

2.

3.

最常稱讚自己的是？

今天值得稱讚自己的是？

綜合了外貌、才能、個性等等，
我的魅力有幾分？
十分是滿分的話，

 分

打這個分數的理由是？

是否滿意這個分數呢？

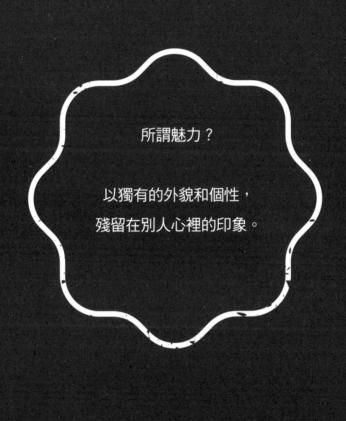

所謂魅力？

以獨有的外貌和個性，
殘留在別人心裡的印象。

SUCCESS

微小的事也算成就？

自我評價低落的人所擁有的最大特徵是什麼？
那就是不認為小的成就也是一種成就。
成功的經驗少，自我評價自然也就跟著變得低落。

在我們的日常生活裡，充滿著大大小小的成就。
試著想一想自己搞定了什麼事情？把什麼事情做得很好？
將當下所得到的自信和成就感，重新拉回自己的體內，
便能由此轉化為行動的力量。

請記得，即便是微不足道的小事，也是我親手實現的成就。
我不僅很有能力，還是一個只要下定決心就能搞定一切的人。

我今天成就了些什麼？
一有答案出現的時候，就寫下日期和內容。

日　期	內　容

關於我　Me & myself

今天我做得很帥氣的事情是什麼？
一有答案出現的時候，就寫下日期和內容。

日　期	內　容

試著想一想自己曾經
做過的重要決定。

當所有人都反對時，
最終發現我所選擇才是正確的事情？

儘管其他人都反對，
我還是堅持已見的事情？

即便成果不佳，
仍舊不覺得後悔的事情？

腦中一閃而過的點子？

這個點子幫我解決了些什麼？

喜歡與什麼樣的人一起做事呢？

從上司、同事、後輩們
口中聽過最好的稱讚？

聽到稱讚的時候，
我的心情是怎麼樣的呢？

最幸福的瞬間？

最有趣的瞬間？

感覺最喜悅的瞬間？

以自己為榮的瞬間？

對我最重要的人？

1.是否能夠百分之百信任這個人？

2.這個人願不願意二話不說就幫助自己？

3.我能不能二話不說就幫助這個人？

讓我的人生變得正向積極的人是誰？ ★★★
原因是什麼？

姓 名	原 因

什麼時候會覺得自己是個有用的人？

獲得證照、唸英文、學習……
為了讓自己變成現在的模樣，曾經付出過哪些努力？

對於自己現在的模樣，
帶著什麼樣的驕傲？

是否曾經身陷會傷害到自己的危險狀況，
卻能全身而退的經驗？

這個經驗，
如何改變我的人生？

成就，並不是在實踐野心，
而是讓自己感到快樂和自信。

ARRANGEMENT

04

替自己進行心靈大掃除！

每當看到不肯丟棄無用物品，反而堆得到處都是的人，
令人感到相當煩悶吧！
然而，說不定我也和他們一樣。

我的身體大小固定，
卻每每有所留戀……不知道為什麼，好像就是忘不了。
不就等於是將一些會煩擾自己的東西，一股腦兒地擁向自己嗎？

偶爾，花點時間替自己的身體進行「大掃除」吧！
過去的失誤、想要忘卻的記憶、想要整理乾淨的人際關係……
試著問問自己，有哪些東西是需要被整理的？
該如何整理這些東西，方法將會自動出現，所以請不要太煩惱。

想要整理的記憶……

讓我變得無力的記憶？

至今仍然是一個傷口的記憶？

想要讓它變成「從未發生過」的記憶？

想要重新聯繫的舊情人？

現在聯繫對方的話，是不是就能無所眷戀呢？

現在煩惱的是什麼？

這個煩惱對我造成什麼樣的影響？

想要解決這個煩惱，應該要做些什麼？

我應該要更常做的事情是什麼？

在職場或學校

在家裡

睡覺之前

身邊是否有「能量吸血鬼」？

選一個自己光是和他／她
在一起都會感到疲倦無比的人物，
接著勾選下列相對應的項目。
如果勾選超過三個項目以上時，
對方是能量吸血鬼的可能性高達99%！

□ 經常唉聲嘆氣，當自己向他／她提供解決之道時，
　 對方卻仍舊不停止抱怨。

□ 將所有人都經歷過的小事，升級成世界大戰般的危機。

□ 和他／她對話的時候，有一種自己犯下彌天大罪的感覺。

□ 無止盡地向自己請求幫助。

□ 從不顧慮我的心情，只會自顧自地瞎嚷嚷。

為了遠離能量吸血鬼，應該要做些什麼努力？

如果是個無法遠離的人，應該要怎麼做？

我會不會就是那個能量吸血鬼呢？

過去犯過哪些過錯或失誤？

1.

2.

3.

當時不得不那麼做的原因？

過去做過的決定之中，
現在覺得很後悔的事情？

  1.

  2.

  3.

當時不得不那麼做的原因？

我對自己是寬容還是嚴格呢？

寬容的部分	嚴格的部分

應該要變得寬容的部分？

應該要變得嚴格的部分？

我想要寬恕自己哪些事情？

別人有沒有什麼事情值得寬恕呢？

我應該要取得誰的寬恕？

1.

2.

3.

原因為何？

有沒有應該要取得我寬恕的人呢？

  1.

  2.

  3.

原因為何？

無論如何都沒有辦法寬恕的事情？

如果能夠搭乘時光機回到過去，
進而改變過去的話……

想要回到何時、何地呢？

想要改變些什麼？如何改變？

為什麼想要改變？

如果改變了那段過去，現在會變得有什麼不同呢？

為了整理那些折磨自己的事情，
可以做些什麼？

1.

2.

3.

4.

5.

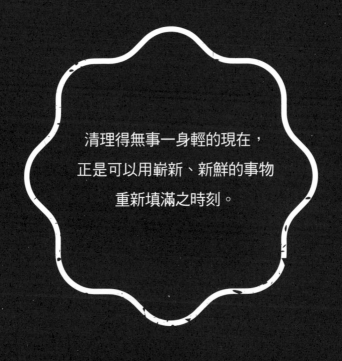

清理得無事一身輕的現在，
正是可以用嶄新、新鮮的事物
重新填滿之時刻。

05

JUST RELAX

舒緩緊張的方法？

活在「壓力過剩時代」的我們，

適度的壓力可以增加效率、刺激頭腦，

不過，當壓力徒添緊張時，便想要「喀擦」一聲，結束這一切吧！

那麼，應該如何是好呢？

很簡單，請試著將有關休息和放鬆的事件，一件一件寫下來。

有沒有能讓我感到愉悅、快樂的事情呢？

何時、如何休息，才能得到充分的休息呢？

偶爾，忠於自己的慾望和快樂也很不賴！

拚死拚活地活到現在的我，絕對有資格。

讓我覺得緊張的情況？

讓我覺得緊張的人？

對我產生正面影響的緊張？

是否曾經因為適度的緊張，
而帶來什麼好的結果呢？

舒緩緊張，使人放鬆的
T・P・O選擇題

Time 時間
☐ 早上　☐ 白天　☐ 晚上　☐ 凌晨

Place 地點
☐ 家　☐ 公司或學校（？）
☐ 咖啡或香味四溢的咖啡廳
☐ 其他（　　）

Occasion 原因

消除壓力的藝術治療

替下方圖形塗上自己想要的顏色。

最常做的夢？

那個夢的感覺怎麼樣？

現在最擔憂的事情？

我是怎麼看待這件擔憂的事情呢？

□ 將會如常過去的

□ 行不通的事情，終究行不通

□ 順其自然

如果不是上述選項的話，不妨寫下自己的想法吧！

在這個人面前，我可以「卸下武裝」！
最讓我覺得自在的人？

為什麼在這個人面前我會覺得自在呢？

這個人也覺得在我面前很自在嗎？

我能讓對方感到自在的人？

我讓她／他感到自在的方法是？

讓我覺得「活著真好」的事物？

最喜歡的食物？

聽了會覺得心情變好的音樂？

為了消除壓力而造訪的網站？

就算被說很「宅」，也無妨！
最令我狂熱的事物？

這件事物能令我如此狂熱的關鍵在於？

我喜歡的嗜好……

隨時都能樂在其中的小事物？

別人無法理解，我卻樂在其中的事物？

受限於金錢、時間的事物？

為了社交活動而不得不做的事物？

旅行、夜店、餐廳、咖啡廳、電影……，
都是別人普遍喜歡的嗜好，如果我說不喜歡的話，
就會被當作怪胎！
即便如此，仍然無法樂在其中的嗜好？

對那些把我當成怪胎的人說一句話？

隨意塗鴉吧！

畫畫、亂寫些毫無意義的話、寫詩，
或是填滿自己喜歡的人的名字也可以。

生活在唯有鬥牛
才能得到稱讚的世界裡，
不妨活得像一隻幸福的黃鼠狼。

YES OR NO

06　告別討好別人的自己

從小，我們所學的都是要先考慮到別人的感受，
因為，這麼做才是一個懂事的小孩、一個乖巧的小孩。
養成習慣之後，即便變成了大人，也會顧忌著是否該說出真相。

就算心裡覺得不對，嘴巴上還是會跟著附和；
就算聽到過分的請求，
就算遇到令人鬱悶的不合理，也會選擇沉默。
這一切，都可以視為自尊的喪失。

試著練習學會堅定地說「不」，
或許，這才是對自己的「好」。

有沒有過明明覺得不對，
嘴巴上卻還是說「好」的經驗？

何時？為什麼這麼做？

後來事情怎麼樣了？

是否覺得後悔？

有沒有過明明覺得正確，
嘴巴上卻還是說「不」的經驗？

何時？為什麼這麼做？

後來事情怎麼樣了？

是否覺得後悔？

試著寫寫看下列問卷。

應該要展現給別人看的一面

中樂透的時候，會告訴身邊的人嗎？

姪子向我要自己等了很久才買到的東西時？

前輩和我意見不同，可是認為自己才是正確時？

只有我自己看得到的一面

中樂透的時候，會告訴身邊的人嗎？

侄子向我要自己等了很久才買到的東西時？

前輩和我意見不同，可是認為自己才是正確時？

最近說過的謊話……

當中最令自己後悔的謊話？

不假思索就說出口的謊話？

最近說過的「善意謊言」？

說這個謊話的原因是什麼？

結果又是如何？

是否會害怕誠實說出自己的意見呢？

對誰？何時？關於什麼事？

今天，真的很想問問自己的問題？

答案又是什麼呢？

測試我的「天使病」症狀
到了什麼樣的程度。

如果勾選超過三個以上時，
請練習一天學會拒絕三次以上！

☐ 耳根子軟

☐ 聽到別人說不喜歡的時候，覺得很難受

☐ 曾經因為擔心關係惡化，而接受無理的要求

☐ 曾經不舒服得快死掉了，還在大眾運輸工具上讓位

☐ 聽到別人說自己善良的時候，覺得心情很好

為了擺脫「天使病」或「好人情結」，
可以做些什麼事呢？

以後，關於這些事情，我會誠實地說「好」！

以後，關於這些事情，我會誠實地說「不」！

試著寫出下列單字所代表的意思。

理直氣壯：

自私：

要求：

最後一個單字：「要求」，
比較接近「理直氣壯」還是「自私」呢？

不要為了

讓全世界覺得我是個好人，

而耗費過多的能量。

ON MY OWN

當自己人生的主人

每個人都有屬於自己的角色，
父母、孩子、職員、學生、朋友……，
然而，一旦過分忠於自己的角色，
會不會因此失去自己呢？

換個角度問吧！
我可以容許自己擁有多少自由呢？

如果會覺得自己是按照別人所想的而活，是不對的。
因為，這就表示我人生的主人，不是我。
不妨試著一邊回答後面的問題，一邊認真想一想，好嗎？

將自己一天的生活畫在下面的時鐘上。

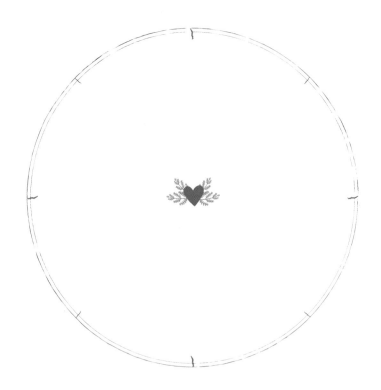

請看著左邊的時鐘，回答下列問題。

為了賺錢所花費的時間？ .... 小時 .... 分鐘

為了家庭所花費的時間？ .... 小時 .... 分鐘

為了朋友所花費的時間？ .... 小時 .... 分鐘

為了家事所花費的時間？ .... 小時 .... 分鐘

為了自己所花費的時間？ .... 小時 .... 分鐘

計算看看除了這些時間以外，
還花費時間在哪些事情上？

想要像他／她的人？

為什麼想要像這個人？

現在自己的模樣，和這個人有多接近？

為了變得像這個人，該投資多少時間？

做什麼事情的時候，感覺內心變得最自由？

我非做一次不可的事情是什麼呢？

沒有天時地利人和就做不了的事情？

現在立刻就可以著手進行的事情？

為什麼現在不做呢？

有沒有試過放棄自己想要的東西？

為什麼只能選擇放棄？

如果可以再有一次機會，會選擇爭取到底嗎？

有沒有試過擔任班長、社長、學生會會長等
領袖的經驗呢？

有的話⋯⋯擔任該角色的時候，
是覺得享受，還是吃力呢？

沒有的話……
為什麼不試著做做看呢？

請選出適合自己的角色。

□ 龍頭　　　□ 龍尾

□ 蛇頭　　　□ 蛇尾

□ 什麼也不想做

請寫下選擇這個角色的理由。

最喜歡自己在社會上擔任什麼樣的角色？

擔任這個角色的話，誰會擁有我人生的指揮權？

被這個角色如影隨形的自己，快樂嗎？

最不喜歡自己在社會上擔任什麼樣的角色？

擔任這個角色的話，誰會擁有我人生的指揮權？

被這個角色如影隨形的自己，能夠得到什麼？

這一次，試著畫出自己
心目中理想的生活計劃表。

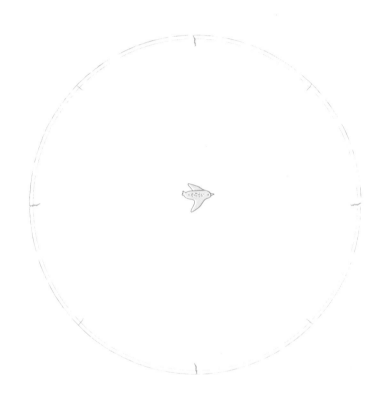

請看著左邊的時鐘，回答下列問題。

為了賺錢所花費的時間？ .... 小時 .... 分鐘

為了家庭所花費的時間？ .... 小時 .... 分鐘

為了朋友所花費的時間？ .... 小時 .... 分鐘

為了家事所花費的時間？ .... 小時 .... 分鐘

為了自己所花費的時間？ .... 小時 .... 分鐘

以後，想要多花點時間在什麼樣的事情上呢？

不要為了迎合別人的步調，
而將「狗」說成「貓」。

HAPPINESS

我想變得幸福

「該怎麼做才能變得幸福呢？」，
一個看來簡單卻相當困難的問題。
關於前途、人際關係，或許還能靠一些建議得到幫助，
但是，誰也不會知道真正能讓自己變得幸福的方法。

請慢慢地，偶爾有些隨興地回答接下來的問題；
請以快樂的心情，試著踏上那一條能讓自己幸福的道路。

對了，請務必記得！
自己，永遠都是最重要的人。
還有，想要變得幸福，是需要一點自私的。

試著寫下專屬於我的「幸福條件」。

我能讓別人感到幸福的祕訣？

別人幸福的話，我也會覺得幸福嗎？

我是不是屬於那種「為了別人的幸福
甘願自己受委屈」的類型？

或者，別人的不幸是不是自己的幸福？

最喜歡的假日？喜歡這個假日的原因？

有什麼能夠讓我的一天變得完美？

每當有任何想法的時候就寫下來吧！

有沒有收過驚喜禮物的經驗？

....

....

....

....

....

....

....

....

收到什麼樣的驚喜禮物會覺得心情很好？

....

....

....

....

....

....

....

....

有什麼會讓自己覺得特別浪漫的呢？

和誰？

做什麼的時候？

關於「幸福」，大家有沒有給過我什麼樣的建議？

父母
....
....
....

兄弟姊妹
....
....

朋友
....
....

上司
....
....
....

同事
....
....

當中最有幫助的忠告？

這個忠告如何改變我的生活？

現在有沒有為了什麼而開心？

不開心的話，要怎麼做才會變得開心呢？

現在為什麼感到幸福？

不幸福的話，要怎麼做才會變得幸福呢？

像歐普拉一樣，每天寫下「感恩日記」……
試著從一天當中發生在自己身上的事情，
找出值得感恩的事並寫下來。

大事也好，微不足道的小事，更好。

天氣	感恩的事

天氣　　　　　　　感恩的事

今天誰帶給了我喜悅？

誰總是可以逗我笑？

試著寫下想對這個人說的話。

現在，把這段文字讀給他／她聽吧！
不要拖延想對珍貴的人表達的感謝！

後悔萬分的事情？

為什麼當時會那麼後悔？

如果不想要後悔，應該要如何活下去呢？

如果想要擁有積極正面的個性，
可以做些什麼努力？

悲傷、難受的時候，
有什麼可以對我產生慰藉？

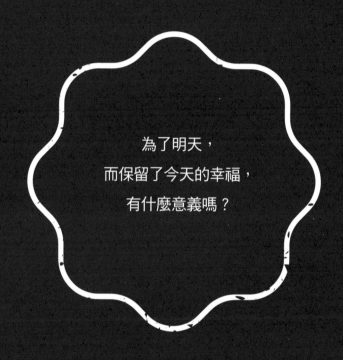

為了明天，

而保留了今天的幸福，

有什麼意義嗎？

FIRST STEP

如何達成我的目標？

♡

知不知道我們對於目標和夢想，最大的誤會是什麼呢？
那就是為了達成目標，必須要大步、大步向前行，
可是，為了邁開步伐，卻把時間通通花費在清除障礙物上了。

請想一想，我的目標是什麼？我可以做些什麼？
接著，時常一點、一點地踏出小碎步；
把這些碎步聚集起來，將會是一段偉大的旅程。

即便在實現目標時，遭遇了失敗，也不要感到挫折。
這些小小的經驗，
最終，將會化為我成功的基石。

書、報紙、運動……
試著寫下所有自己應該要更接近的事物。

應該要 更接近的事物	原因	應該怎麼做

智慧型手機、電視、速食……
試著寫下所有自己想要更遠離的事物。

應該要 更遠離的事物	原因	應該怎麼做

這個禮拜想要達成的事情是什麼呢？

這個月想要達成的事情是什麼呢？

今年想要達成的事情是什麼呢？

現在不立刻做就會後悔的事情是什麼呢？

為什麼必須要做這件事情呢？

最近埋首於什麼呢？

為什麼會埋首？

想要得到些什麼？

不管別人怎麼說，
我就是想要做一次看看的事情？

子曰：「學而時習之，不亦説乎？」
我最近在學習些什麼呢？

為了什麼而學習？

如果沒有正在學習的東西，又是為什麼呢？

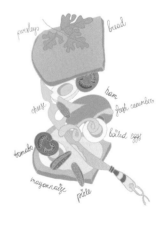

總有一天，非得學看看不可的東西？

為什麼想要學？

如果想要讓「總有一天」來臨，
可以做些什麼努力呢？

我是不是滿意自己的主修或職業呢？

滿意的話……
是否有在為提升自己的能力做些什麼呢？

不滿意的話……
有沒有正在為尋找其他主修或職業
做些什麼努力呢？

試著事先寫下假期計劃書。

何時？

和誰？

去哪裡？

要準備什麼？

休息、經驗、人、愛情……
想要在假期當中得到些什麼呢？

阻礙我夢想的是什麼？

消滅這個東西的方法？

我真正想要的目標

vs

全世界都說好的目標

我現在的目標，

是兩者之中的哪一個呢？

DRAW MYSELF

我所描繪的人生？

想必大家都有做過畫出自己夢想房子的作業吧？
兩層高的房子、雪白的大狗奔馳嬉戲、家人們笑得燦爛的那幅畫。
全部畫完之後，有一種自己現在就住在這種房子裡的感覺，
有沒有覺得接下來的人生，真的很棒、很幸福呢？

描繪出願景或目標是成功人士們的天大祕密，
藉由內心的想像，刺激自我意志，再讓意志成為完成目標的力量。

因此，利用最美麗的色彩，感受著最幸福的心情，
盡情畫下自己想要的生活模式吧！
照著自己所期盼、所想像的，去完成吧！

有沒有專屬於我的「夢想小屋」呢？

是否曾經在哪裡看過這間房子？

電視劇？電影？旅途當中？

這間房子深得我心的原因？

想要談一場什麼樣的戀愛呢？

理想情人的個性？

理想情人的外型？

現在喜歡的戀愛溫度？

☐ 考量現實與條件的 15℃

☐ 平凡溫暖的 36.5℃

☐ 熱情的 70℃

☐ 拳腳交鋒的激情 99.975℃

想要在什麼地方過什麼樣的生活呢？

不要考慮地點、做什麼事、實現的可能性，
隨心所欲地寫下來。

如果人間有天堂，會在哪裡呢？

這個地方成為天堂的原因？

有沒有辦法打造出專屬於我的天堂？

我對自己最大的期盼？

何謂人生的快樂？
試著用一段話摘要。

如果寫不太出來的話，
可以反覆看看自己曾經寫在這本書裡的答案。

人生的目標是什麼？

當死亡降臨時，想要留下的一句話？

回答完這本書的所有問題後，
試著寫下自己的感想。

我從這本書裡，得到了些什麼？

我人生的那幅畫，
究竟是要畫在畫布上、牆壁上，
用彩色鉛筆或是彩色蠟筆上色，
描繪些什麼樣的內容……
決定一切的人，
是我。

朝著自己跨出一步，再更靠近一些。

請不要忘記，

你是一個耀眼奪目的人，

只是這件事在過去那段日子裡，暫時被遺忘了。

如果能夠藉由這本書，更接近自己一些，

重新找到生活的快樂，

體悟到人生真正的意義，

幸福、自在、溫暖，還有希望，便已經陪伴在你的身旁。

希望大家能夠透過閱讀這本書，獲得許多的喜悅；

也希望藉此和自己有一場充滿朝氣的對話。

延伸閱讀★

《我們的 365 天：學會每天問一題，成為聊不停的親密關係》

艾莉西亞·姆諾茲（Alicia Munoz）◎著
林宜汶◎譯

建立親密關係第一課，練習問彼此，美國伴侶治療師的暖關係題庫。

《我們的 365 天》每天提供一個發人深省的問題，幫助你與伴侶開誠布公地分享想法，讓你們的關係更親密且饒富趣味。在一年之內，你們會瞭解彼此遠大的夢想，以及形塑你們生命的大小事。這些問題的主題涵蓋未來目標、性、心理等。藉由本書，你們會發現，無論交往時間長短，只要對話越深入，關係就越深刻。

◎增加關係的親密程度：鼓勵成長的問題幫助你們拓展外在生活與心靈的境界。
◎每天一個問題：深入探索夢想、目標、過去和現在、親密關係與性以及哲學和心理方面的議題。
◎記錄你們的關係進程：寫下答案來追蹤日誌進程。

延伸閱讀 ★

《從現在開始了解：媽咪和我的交換日記》

布蘭蒂 ・ 萊麗 (Brandi Riley)◎著
梁若瑜◎譯

送給媽媽跟女兒最好的禮物，幫助妳們對彼此，產生新的認識。

一起書寫。一起共享。一起成長。
並不需要多少文字，就能讓妳和妳的女兒感情變得更親密。
《從現在開始了解》是媽媽和女兒的交換日記，
能透過更好的溝通和更深的理解，讓彼此感情更緊密。
用為期一年的日記問答，引導妳們分享自己的各種想法和感受，而且是在一個
安全、安心的空間——這個小天地裡，就只有妳們倆。這裡奠定的親子感情基
石，將能使妳們一生受用。

延伸閱讀★

《關係練習題：從我們最喜愛的事物開始》

艾莉西亞‧姆諾茲 (Alicia Munoz)◎著
陳錦慧◎譯

每一個問答，都會讓你們的關係，一天比一天更親密。

好的親密關係最重要的關鍵因素，就是優質的溝通。
本書數百道輕鬆問答可以幫助你們深度對談，發掘對方全新的一面，共度愉快
時光。
一起回味過去的歲月，深入觀察此時此刻，以彼此的關係為基礎共創幸福的未來。
這些饒富深意的問答從基礎慢慢深入，五花八門的題目適合處於關係任何階段
的你們。

你們不會漸行漸遠，你們不會互相嫌惡，愛已成往事；
而是彼此成長激勵，每個問答都讓你們重新找到連結彼此的核心，
越來越愛，越愛越幸福。

延伸閱讀★

《你可以敏感，但不要被敏感控制：在生活中找到駕馭自己，增加能力的高敏感族練習題》

愛曼達 ‧ 卡熙兒（AMANDA CASSIL, PHD）◎著
梁若瑜◎譯

認識自己的敏感，擁抱自己的差異，只有善待自己才能更自由。

你太敏感了！你幹嘛想那麼多！你很神經質耶！忍一忍就過去了嘛！
別人常常對於你的反應有以上的定論和建議。
但，你只不過是想得深一點，情緒的強度高一點，對環境意識活躍一點，反應的時間長一點……這樣錯了嗎？
是的，你沒有錯！但關鍵的核心是，如果你因為自己的敏感而覺得被別人瞧不起，覺得工作能力被否定，遇到人際關係
本書的目標，並不是要「治療」你，讓你變得不再高敏感，
而是要協助你，讓你擁有駕馭高敏感特質的能力，做出最棒的決定，繼續往前走，活出更精采的自信人生。

延伸閱讀★

《你會比昨天更堅強：心理學家為你量身打造的自信心練習題》

芭芭拉・馬克威 博士 (Barbara Markway, PhD.)◎著
林師祺◎譯

自信是什麼？（聽得到，看得到嗎？）
自信從何而來？（自我介紹時你會說：我是有自信的人嗎？）
為什麼別人有，而我沒有？（自信一輩子不會消失嗎？）

累積近三十年經驗的心理學家芭芭拉・馬克威博士如何引導成千上萬的人建立自信？

1. 了解自信，知道自信從何而來？協助你判定目前的自信指數，作為成長的參考，為你的自信心打地基。
2. 科學基礎，詳細整理的「認知行為療法」和「接受與承諾療法」「暴露療法」等心理分析，幫助你戰勝自我懷疑的惡魔，指引你避開現實生活中的自信地雷。
3. 互動練習，自信心就像肌肉，如果不持續鍛鍊，就會鬆垮潰堤，透過練習指引你的反思、設計檢查量表和測驗，重整你對自己的認知。

延伸閱讀★

《獨處，遇見更好的自己好好安排你的專屬時間，重新設定人生的力量》

金有真◎著
曾晏詩◎譯
有隻兔子◎繪圖

當我們認識自己，就能抓住人生的重心，
當我們傾聽內在的聲音，就會找到愛自己的方式。
自己的專屬時間，不是把自己邊緣化，而是為人生創造另一個機會。

作者金有真引領 4 點 30 分晨型人風潮，她找到自己最擅長的事，為這件事自動早起，熱情是燃料，自律是模具，她知道自己什麼時候需要對話？何時需要獨處？也能明白自己對獨處的需求與安放。
無法和自己獨處，就會被寂寞和恐懼緊緊困住，光是原地踏步也會磨壞鞋底。身為律師身分的她，實踐獨處的能力，把「時間」動詞化，她重新定義和練習如何把時間「送給自己」。

Creative 091

練習問自己：
關於我，Me & Myself（好好對話版）

作　者｜HAZE
譯　者｜王品涵

出 版 者｜大田出版有限公司
台北市一〇四四五中山北路二段二十六巷二號二樓
E - m a i l｜titan@morningstar.com.tw　http：//www.titan3.com.tw
編輯部專線｜(02) 2562-1383　傳真：(02) 2581-8761

總 編 輯｜莊培園
副 總 編 輯｜蔡鳳儀
行 政 編 輯｜鄭鈺澐
行 銷 企 劃｜陳惠菁
校　　　對｜王品涵／蔡鳳儀

初　　　刷｜二〇一六年四月十六日
好好對話版｜一刷二〇二三年六月十二日　定價：三五〇元

網 路 書 店｜http://www.morningstar.com.tw（晨星網路書店）
TEL：(04) 23595819 FAX：(04) 23595493
購書 Email｜service@morningstar.com.tw
郵 政 劃 撥｜15060393（知己圖書股份有限公司）
印　　　刷｜上好印刷股份有限公司
國 際 書 碼｜978-986-179-809-7 CIP：177.2/112005269

① 立即送購書優惠券
② 抽獎小禮物
填回函雙重禮

國家圖書館出版品預行編目資料

練習問自己：關於我，Me & Myself／HAZE
著；王品涵譯 . ──好好對話版──台北市
：大田，2023.6
面；公分 . ──（Creative；091）

ISBN 978-986-179-809-7（平裝）

177.2　　　　　　　　　　112005269

Me, Myself by HAZE
Copyright © 2014 by Booklogcompany
All rights reserved.
Complex Chinese copyright © 2023 by Titan
Publishing Co., Ltd.
Complex Chinese language edition arranged
with Booklogcompany
Through 連亞國際文化傳播公司

版權所有　翻印必究
如有破損或裝訂錯誤，請寄回本公司更換
法律顧問：陳思成